Ww

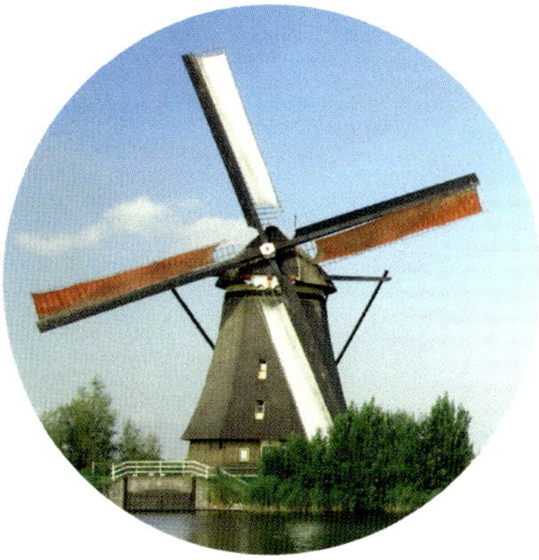

Ransom

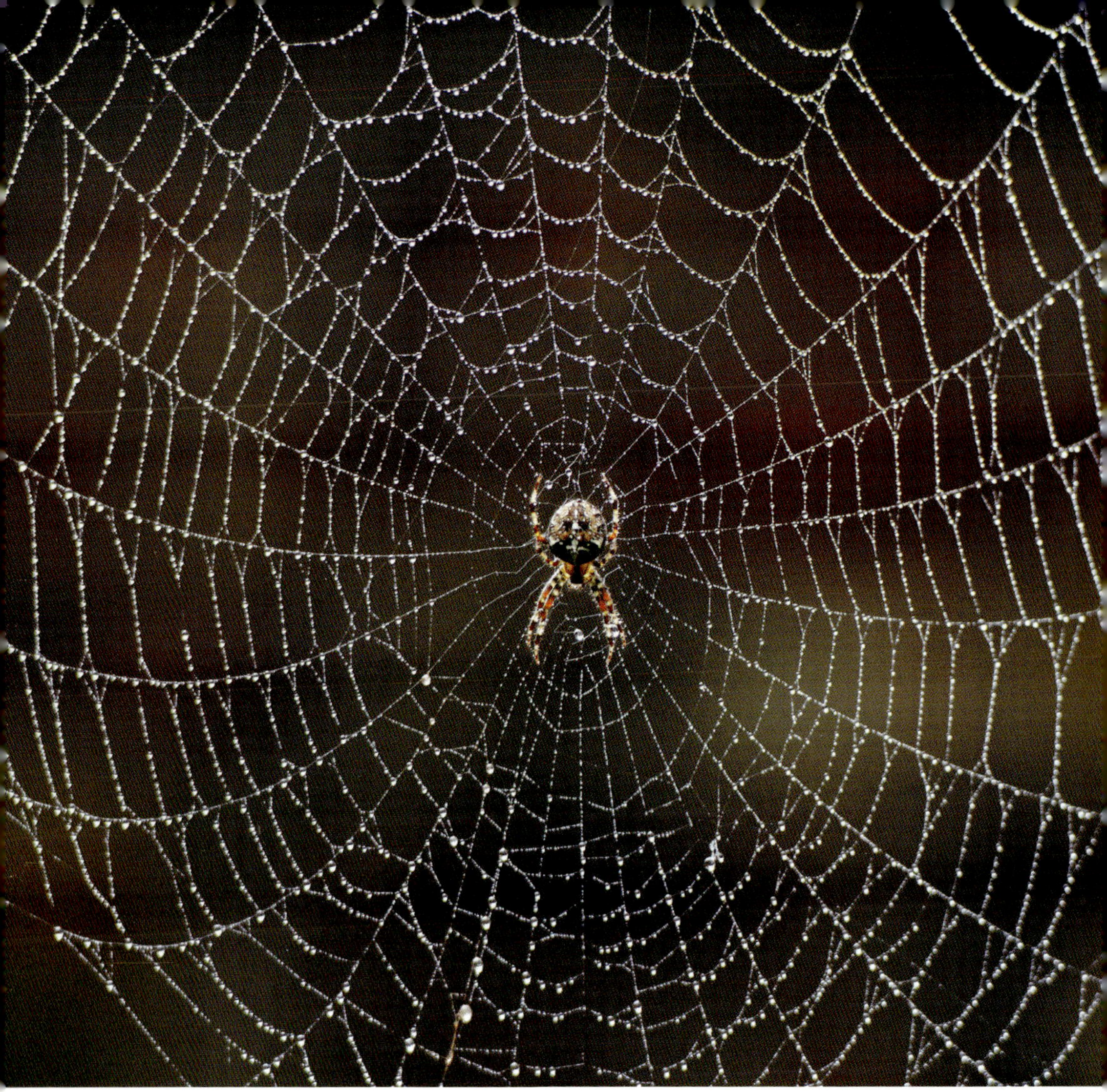

web

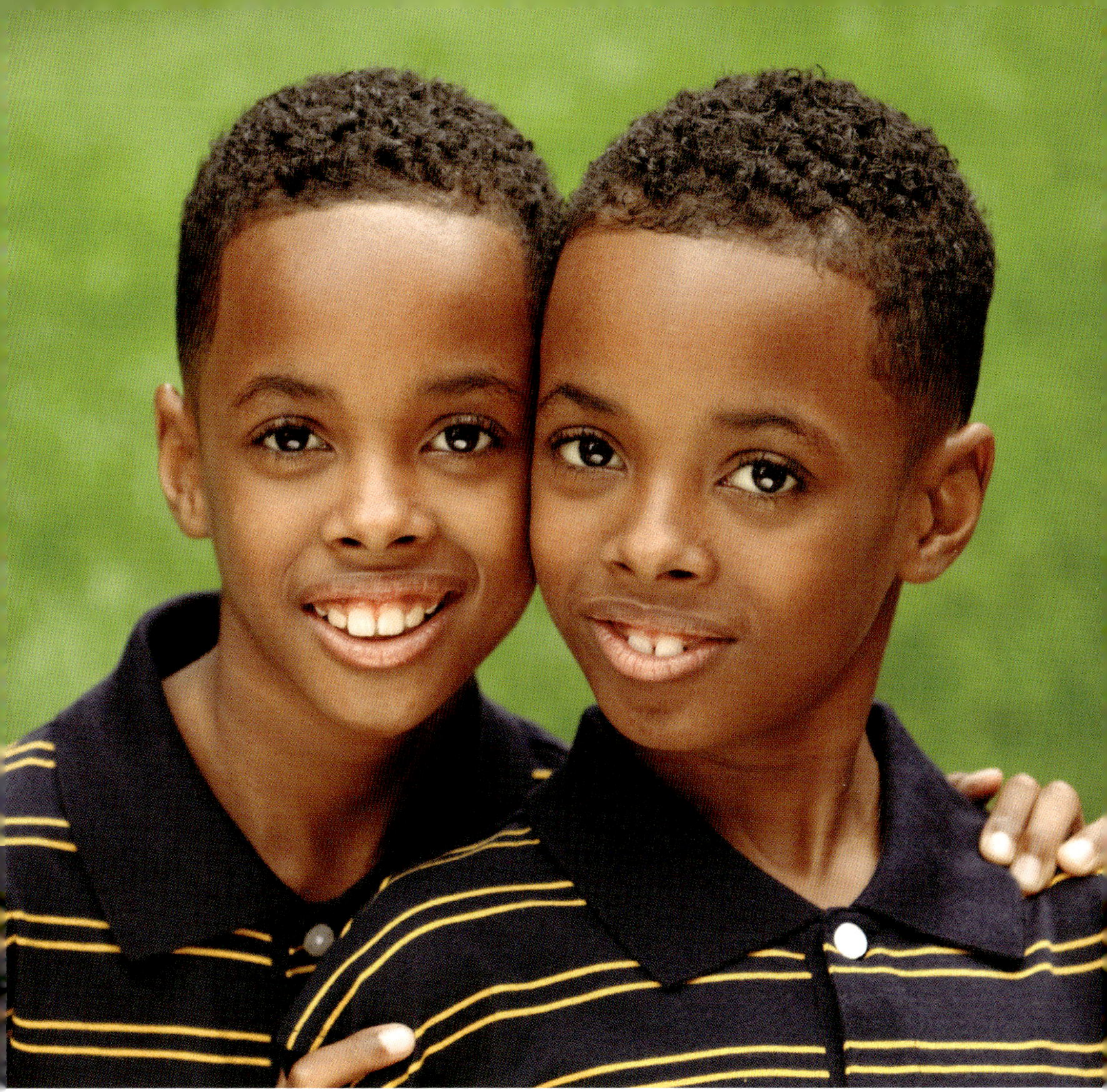

twins

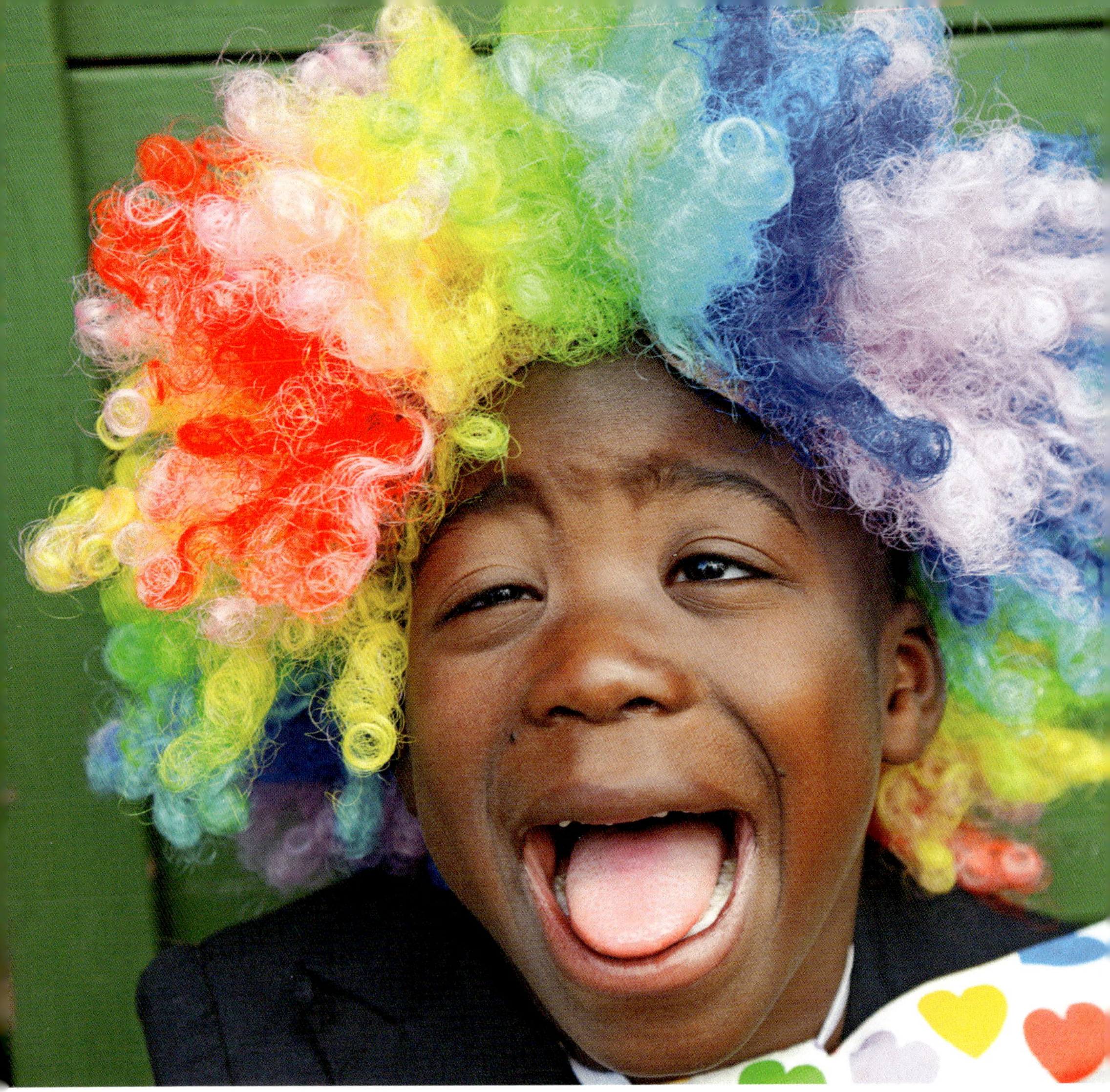

wig

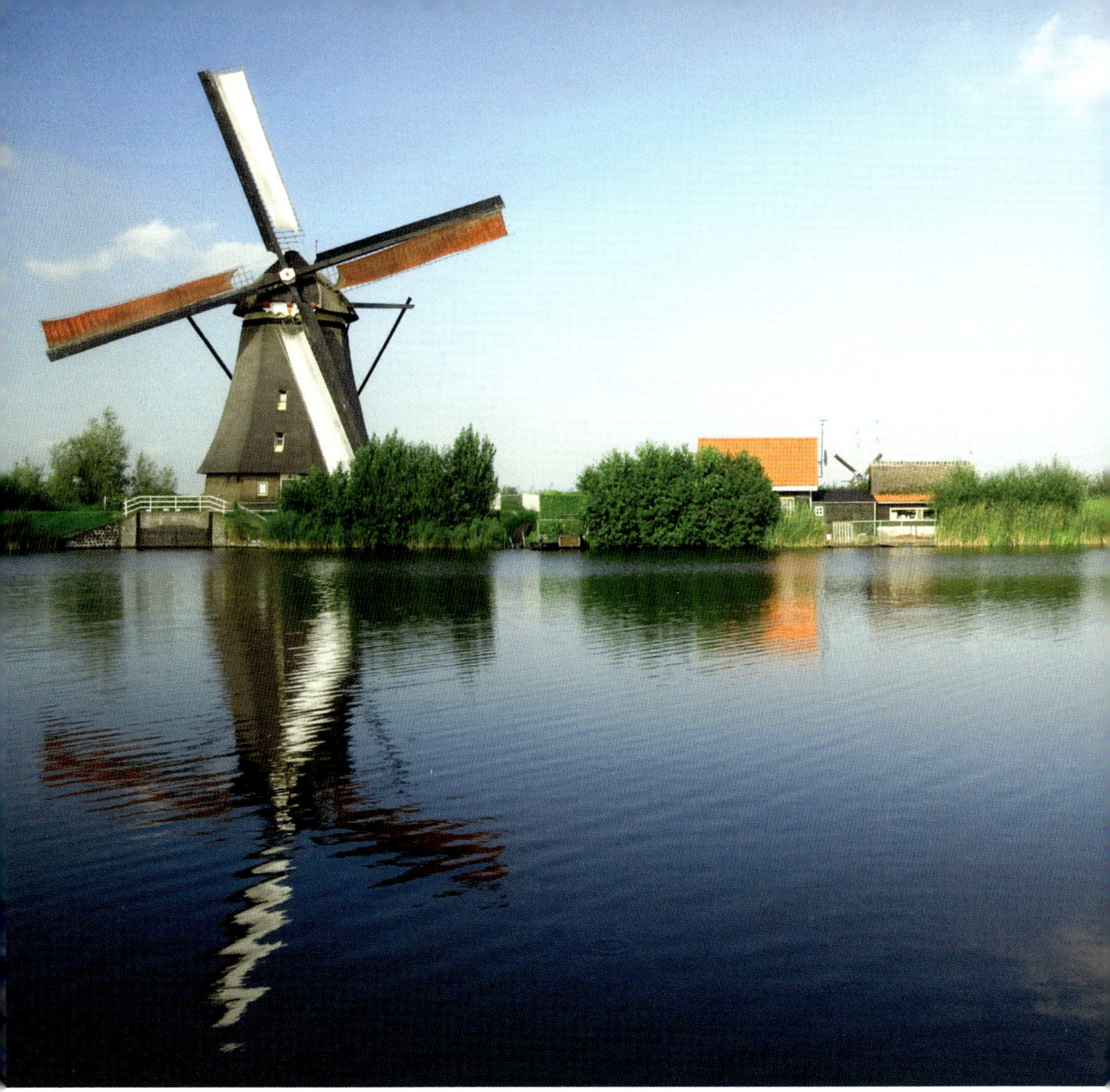

windmill

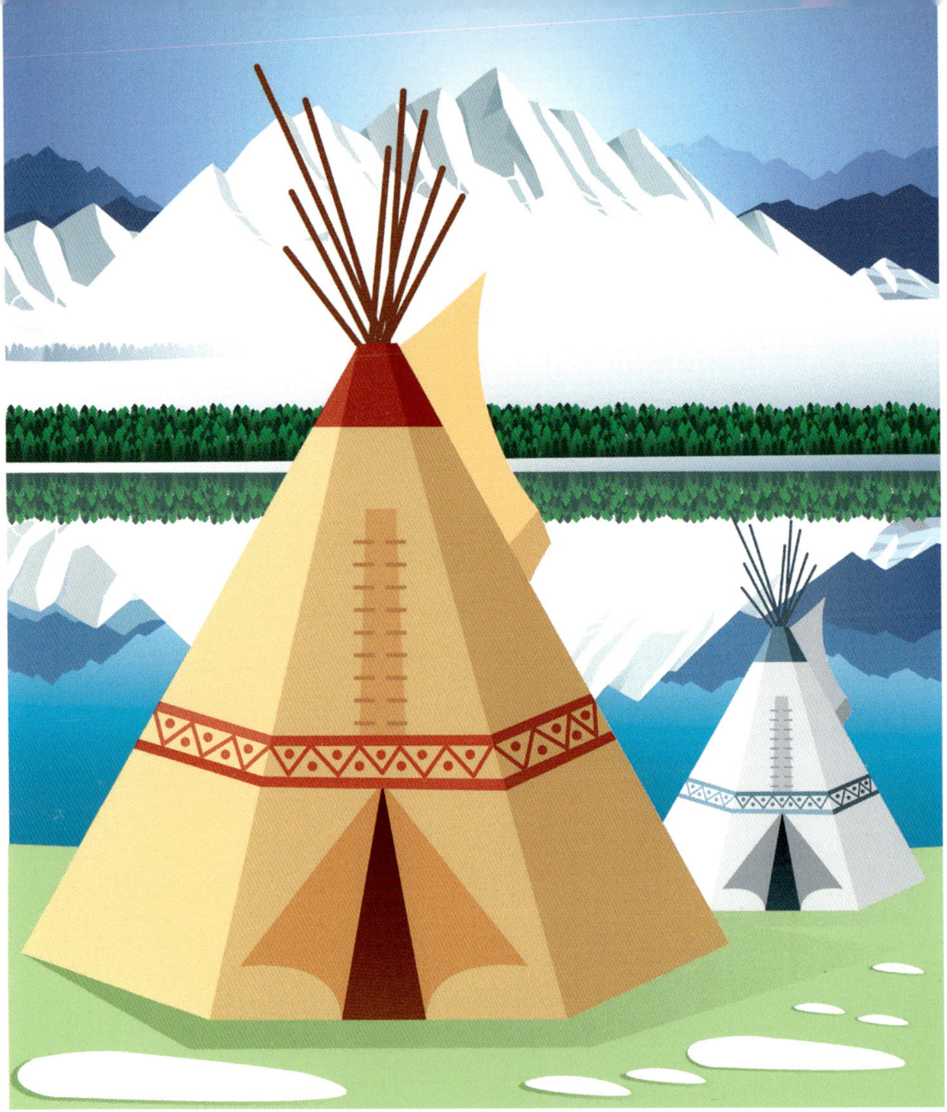

wigwam

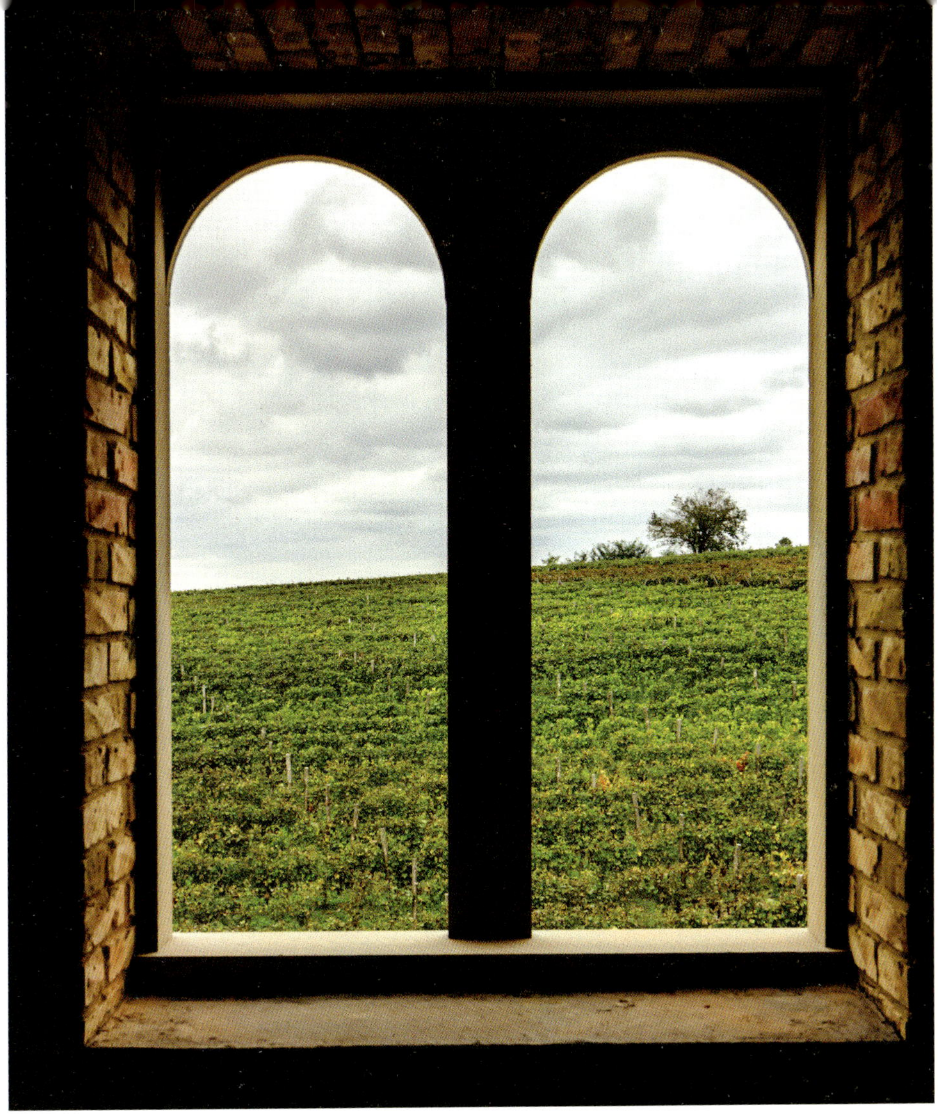

window

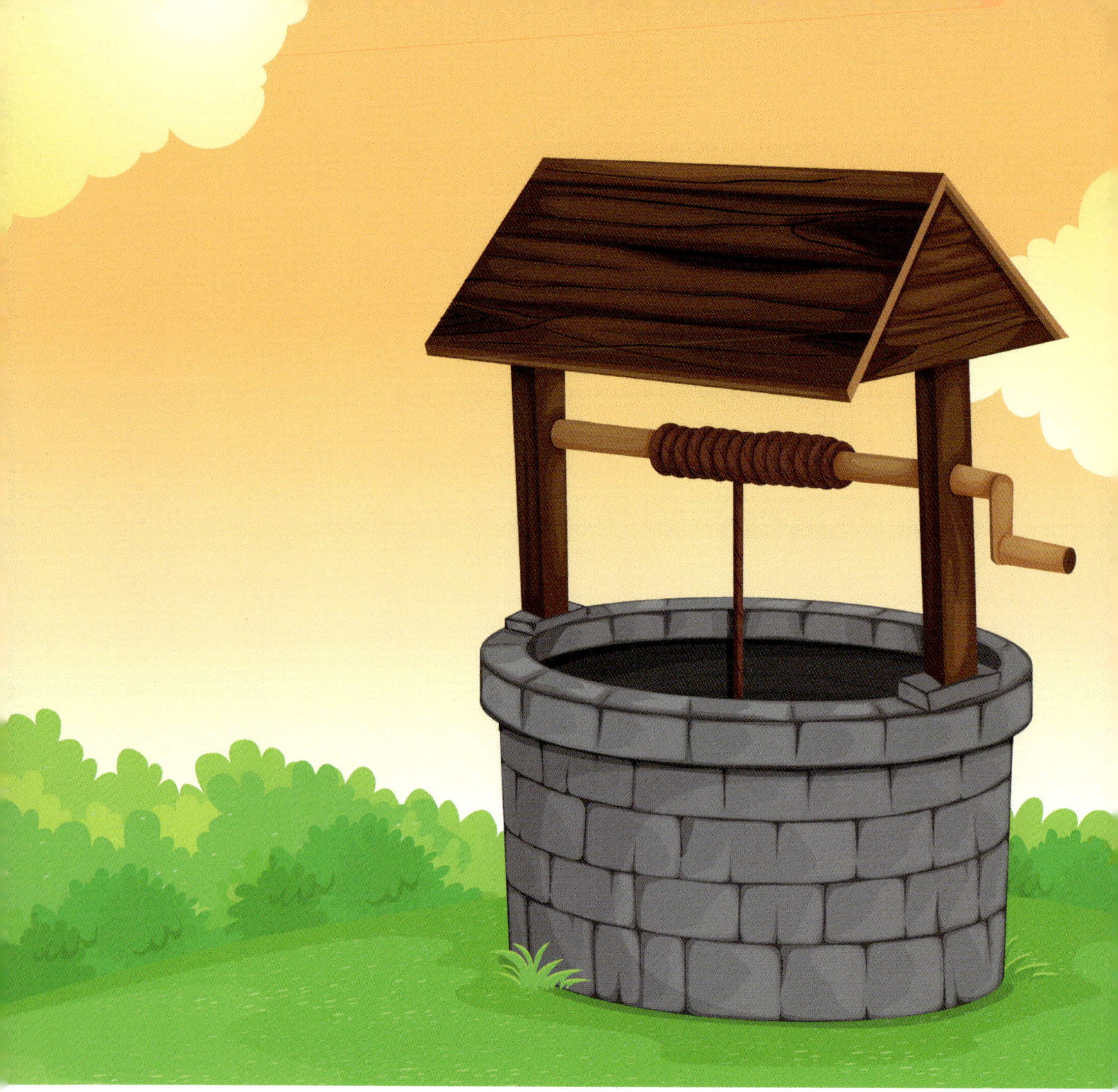

well

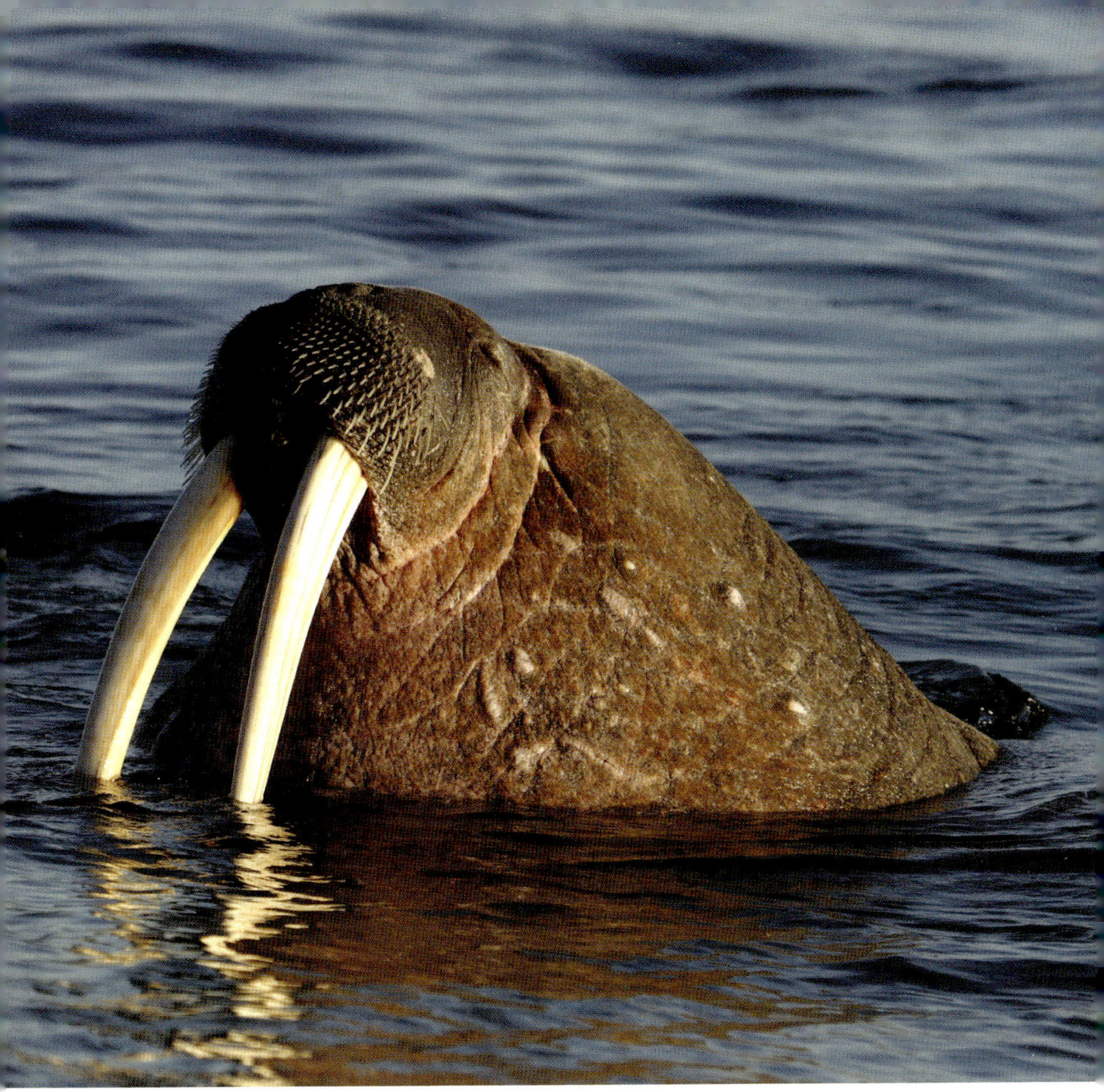

walrus

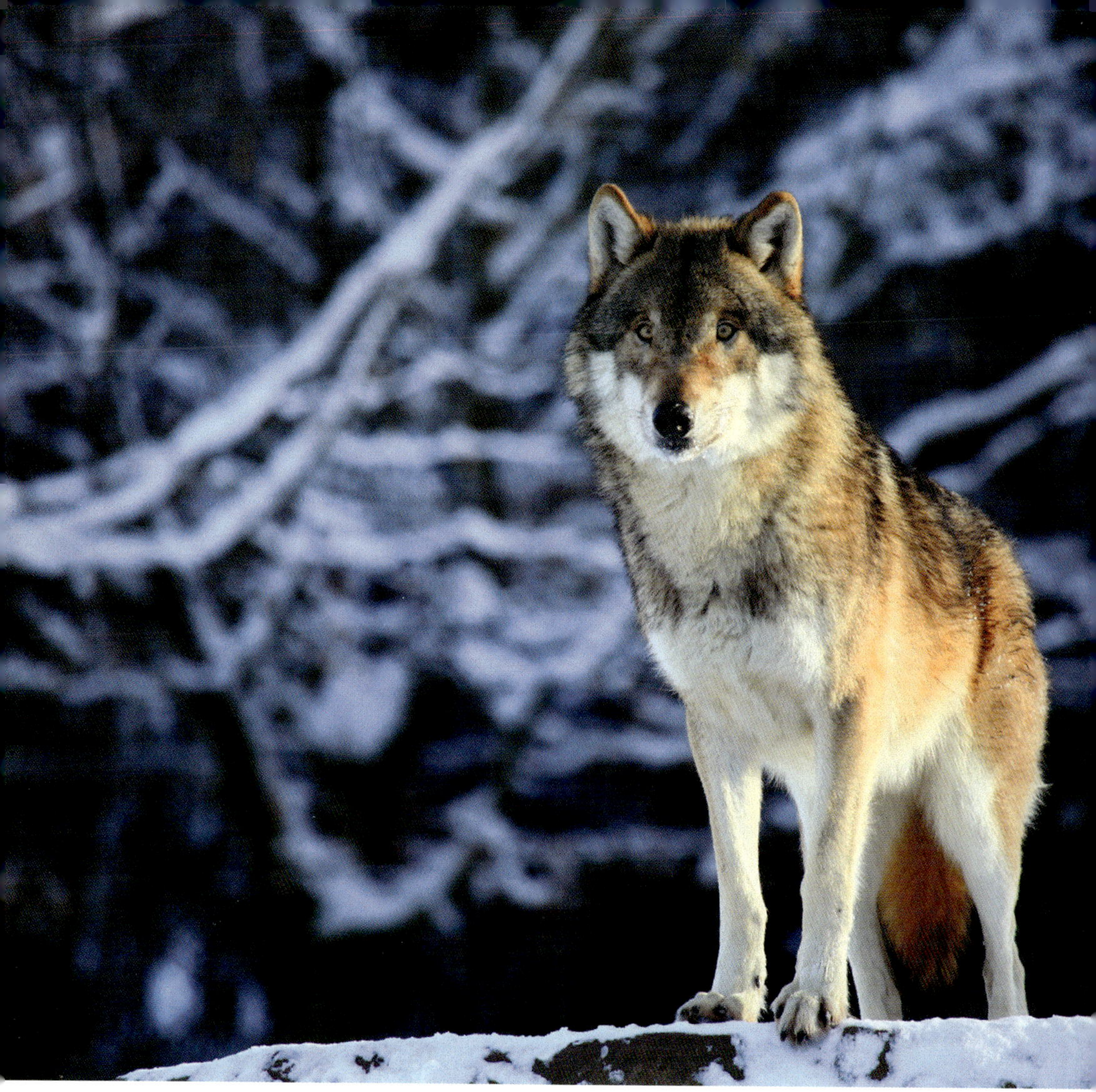

w w w

w w w

Ww

web

twins

wig

windmill

wigwam

window

well

walrus